Sidi Ha...

Conception et développement d'un moteur de recherche sémantique

Sidi Hammoudi Bouhanana

Conception et développement d'un moteur de recherche sémantique

Moteur de Recherche Sémantique

Éditions universitaires européennes

Impressum / Mentions légales

Bibliografische Information der Deutschen Nationalbibliothek: Die Deutsche Nationalbibliothek verzeichnet diese Publikation in der Deutschen Nationalbibliografie; detaillierte bibliografische Daten sind im Internet über http://dnb.d-nb.de abrufbar.
Alle in diesem Buch genannten Marken und Produktnamen unterliegen warenzeichen-, marken- oder patentrechtlichem Schutz bzw. sind Warenzeichen oder eingetragene Warenzeichen der jeweiligen Inhaber. Die Wiedergabe von Marken, Produktnamen, Gebrauchsnamen, Handelsnamen, Warenbezeichnungen u.s.w. in diesem Werk berechtigt auch ohne besondere Kennzeichnung nicht zu der Annahme, dass solche Namen im Sinne der Warenzeichen- und Markenschutzgesetzgebung als frei zu betrachten wären und daher von jedermann benutzt werden dürften.

Information bibliographique publiée par la Deutsche Nationalbibliothek: La Deutsche Nationalbibliothek inscrit cette publication à la Deutsche Nationalbibliografie; des données bibliographiques détaillées sont disponibles sur internet à l'adresse http://dnb.d-nb.de.
Toutes marques et noms de produits mentionnés dans ce livre demeurent sous la protection des marques, des marques déposées et des brevets, et sont des marques ou des marques déposées de leurs détenteurs respectifs. L'utilisation des marques, noms de produits, noms communs, noms commerciaux, descriptions de produits, etc, même sans qu'ils soient mentionnés de façon particulière dans ce livre ne signifie en aucune façon que ces noms peuvent être utilisés sans restriction à l'égard de la législation pour la protection des marques et des marques déposées et pourraient donc être utilisés par quiconque.

Coverbild / Photo de couverture: www.ingimage.com

Verlag / Editeur:
Éditions universitaires européennes
ist ein Imprint der / est une marque déposée de
OmniScriptum GmbH & Co. KG
Heinrich-Böcking-Str. 6-8, 66121 Saarbrücken, Deutschland / Allemagne
Email: info@editions-ue.com

Herstellung: siehe letzte Seite /
Impression: voir la dernière page
ISBN: 978-3-8417-3022-0

Dédicaces

JE DEDIE CE MODESTE TRAVAIL

A l'âme de mon défunt oncle BOUHANANA Hamoudi, Que Dieu garde son âme dans sa gracieuse miséricorde.

A sa famille : Tante Wafaa, Nour, Moulay Taieb et Sidi Mohamed. En témoignage de mon éternelle reconnaissance.
Que Dieu les protège et les prêtes bonnes santés et longue vie.

A mes Chères Parents, Que dieu les garde en bonne santé.

A tous les membres de ma famille, pour leurs soutien et sacrifices

A tous mes amis.

A tous ceux qui me sont chers.

Sidi Hammoudi

REMERCIEMENTS

Il m'est agréable d'exprimer mes sentiments de reconnaissance envers toutes les personnes, dont l'intervention au cours de ce projet, a favorisé son aboutissement.

Ainsi, j'exprime ma profonde gratitude à tous les collaborateurs d'eVision pour leur soutien moral et technique, et pour leur générosité et leur disponibilité permanente.

Je tiens à exprimer mes sentiments de remerciement à M. MEZRIOUI Abdelatif, M. BENSAID Hicham, M. BELLAFKIH Mustapha, mes encadrants à l'INPT, pour les conseils qu'ils m'ont prodigués, leur judicieux encadrement et leur assistance pour la rédaction de ce rapport.

Mes remerciements les plus sincères vont à M. Adil HAMDOUNA, Directeur d'eVision et M. Karim BOUZOUBAA consultant à eVision, pour leurs conseils, directives et formations qui nous ont été d'un grand apport pour l'aboutissement de ce projet.

Que tous les membres du jury retrouvent ici l'expression de mes reconnaissances pour avoir accepté d'évaluer notre travail.

Que tous ceux et celles qui ont contribué de près ou de loin à l'accomplissement de ce travail trouvent l'expression de mes remerciements.

Sidi Hammoud BOUHANANA

Résumé

Stage effectué à eVision, compagnie SSII, spécialisée dans les produits R&D, produits qu'ont des bases de données et des bases de documents.

La recherche dans ces produits est une recherche multi-critères dans les champs des bases de données (c'est à dire avec des requêtes SQL). Or, la pratique montre que parmi les utilisations fréquentes de ces produits est la recherche d'information se trouvant dans les bases de documents. Le besoin est de développer un moteur de recherche spécifique à la recherche dans ces bases de documents.

*Notre travail est la réalisation de ce moteur de recherche (nommé **eBhat : ابحث**) qui étend les moteurs de recherche classiques en permettant une recherche multi-critères, ces critères sont :la morphologie et la sémantique. Mais aussi un moteur de recherche capable de jouer sur la structure des résultats trouvés afin de les classer suivant l'ordre d'importance.*

Ainsi grâce à ce nouveau moteur de recherche et le nouveau mécanisme de recherche sur lequel il se base, les utilisateurs peuvent trouver un plus grand nombre de documents pertinents par rapport à une requête initiale.

Abstract

Training course made with eVision, company specialized in the R&D products, products which have databases and documents bases.

Research in these products is a multi-criteria research in the databases fields (i.e. with SQL requests). However, the practice shows that among the frequent uses of these products is the search for information being in the documents bases. The need is to develop a search engine specific to research in these documents bases.

Our work is the realization of this search engine (named eBhat: بحث) which extends the traditional search engines by allowing a multi-criteria research, these criteria are: morphology and semantic. But also a search engine able to exploit the structure of the found results in order to classify them according to the order of importance.

ملخص

تقرير عن فترة تدريبية تمت عند شركة eVision التي هي شركة متخصصة في المنتجات R&D هذه المنتجات التي لديها قواعد بيانات و قواعد وثائق.

إلا أن الممارسة تبين إن من بين الاستخدامات الكثيرة لهذه المنتجات، البحث عن المعلومات في قواعد الوثائق، الشئ الذي جعل من الضروري تطوير محرك بحث خاص للبحث في قواعد البيانات و الوثائق.

مهمتنا هي العمل على تطوير محرك بحث (يسمى ابحث eBhat)يكون امتداد لمحركات البحث التقليدية ولكن أيضا محرك بحث قادر على التعامل مع هيئة النتائج المتحصل عليها، من اجل معالجتها و ترتيبها وفقا لأهميتها.

Table des matières

LISTE DES FIGURES

LISTE DES TABLEAUX

INTRODUCTION

Les moteurs de recherche sont sans aucun doute la principale ressource à disposition des utilisateurs pour la recherche d'informations, que ce soit sur internet où sur une base documentaire. À l'heure actuelle, la plupart des moteurs de recherche utilisent un jeu de mots-clefs afin de décrire les requêtes et d'indexer les documents. Malheureusement, cette technique possède des limitations importantes : d'une part, le problème de trouver, dans la liste affichant le résultat de votre recherche, les pages qui correspondent réellement à vos attentes ainsi que les documents qui contiennent d'autres mots qui ont un sens proche des mots originaux; D'autre part, très souvent cette technique retourne des pages qui ne correspondent pas nécessairement à la requête de l'utilisateur. De plus, c'est toujours à l'utilisateur de localiser l'information dont il a besoin dans les documents renvoyés.

eVision[1] a réalisé l'importance de mettre en place un moteur de recherche multi-critères qui dépasse ces limites, et a décidé son adoption pour répondre aux besoins du marché et en profiter pour avoir des résultats plus pertinents.

Nous présentons dans ce rapport chaque étape du processus de recherche de documents, ainsi que l'application logicielle que nous avons développée. Ce rapport est décomposé en quatre parties :

La première partie définit le contexte général de notre projet avec une brève présentation de l'entreprise et de son domaine d'activité. Nous abordons par la suite la problématique qui a amené *eVision* à viser le développement d'une nouvelle plateforme d'indexation et de recherche d'information. Une méthodologie de travail pour la phase de développement est présentée à la fin de cette partie.

La deuxième partie présente l'état de l'art en ce qui concerne la Recherche d'Information *RI*. Nous y abordons également la recherche documentaire et l'extension de requêtes. Nous présentons une étude comparative de certains moteurs de recherche les plus utilisés actuellement afin d'en sélectionner un qui servira comme base de travail de notre projet.

---

[1] www.evision.ca

En ce qui concerne la troisième partie, c'est une présentation des différents étapes de développement de notre plateforme. Nous y présentons également les outils et les technologies qui vont être utiles pour la mise en place de notre plateforme.

Dans la quatrième partie, nous donnons un aperçu sur l'application et les différents résultats de tests.

Enfin, nous dressons une conclusion et des perspectives relatives à la finalisation de ce projet.

PARTIE 1 : Contexte général du projet

La présentation du contexte général a pour but de situer le projet dans son environnement organisationnel et contextuel. Ce chapitre, commence par présenter l'organisme d'accueil, ensuite la présentation de la problématique du projet et les objectifs escomptés, ce qui permet par la suite de définir une méthodologie de travail efficace.

1. Présentation de l'organisme d'accueil

Fondée en 2000, eVision est une compagnie de services conseils en technologie de l'information. Ses conseillers cumulent plusieurs années d'expérience. Ils travaillent dans les mandats d'accompagnement, d'encadrement, de transfert d'expertise et de développement.

1.1 Activités principales

La plupart des projets de eVision sont dans les domaines de l'intelligence d'affaires et du 'eBusiness'. Ce qui permet de répondre aux différents besoins d'affaires de façon avantageuse, en utilisant le Web. eVision a acquis une expertise et une place de choix dans le domaine fonctionnel du financement de la recherche scientifique et spécifiquement dans le domaine de la santé.

Les solutions technologiques offertes par eVision pour le domaine d'administration de la recherche sont :

- La gestion des bourses et des subventions

- La gestion des projets et des évaluations scientifiques, éthiques et autres

- La gestion des centres de recherche

eVision offre aussi des services conseils en technologie de l'information. Elle est toujours à l'affût de nouvelles façons de faire et de technologies à la fine pointe pour réaliser ses projets et permettre à ses clients d'avoir le meilleur retour sur investissement en systèmes d'information.

1.2 Réalisations

Parmi les grandes réalisations récentes d'eVision nous pouvons citer :

- **Pour le compte du fonds québécois de la recherche sur la nature et les technologies (FQRNT) et du fonds québécois de la recherche sur la société et la culture (FQRSC) :**

Pour le compte des Fonds FQRNT et FQRSC, au cours des années 2001 et 2002 eVision assurait la coordination des activités de développement, l'encadrement des ressources et la participation avec elles pour développer des systèmes de gestion des demandes de bourses et de subventions et des systèmes d'aide à la décision. Tous les formulaires ont été déployés sur Internet (en mode transactionnel), de même que les systèmes supportant l'évaluation des demandes, leur suivi et l'aide à la décision. Depuis 2002, eVision aide les Fonds dans le maintien des systèmes actuels et développe de nouvelles composantes du système de gestion.

eVision a élaboré aussi une architecture technologique pour la haute disponibilité des systèmes du Fonds. Elle consiste en un SAN (Storage Area Network) avec un cluster (Veritas) pour les serveurs de bases de données et un système de distribution de charge pour les serveurs d'applications Web. eVision a ensuite supervisé et participé à l'implantation de cette architecture.

- **Pour le compte de la fondation canadienne pour l'innovation (FCI)**

  - La FCI est un organisme gouvernemental créé à la fin de 1997 pour développer l'infrastructure de recherche au Canada. eVision a effectué l'analyse stratégique, développé et mis en œuvre de nouveaux systèmes pour supporter la mission de la FCI. Des formulaires électroniques ont été développés et déployés sur Internet, ainsi qu'un système de gestion, d'évaluation et de suivi de projets.

- **Pour le compte de l'institut de recherche en santé du canada (IRSC)**

  - Conception, architecture et développement du 'CV Commun canadien'. C'est un système bilingue qui permet aux chercheurs Canadiens de compléter leurs CVs (en un seul endroit) pour les demandes de subventions auprès de tous les organismes subventionnaires membres.

- **Pour le compte du ministère de la recherche, de la science et de la technologie (MRST) du Québec**

  - Réalisation de l'analyse, de l'architecture détaillée et mise en œuvre d'un entrepôt de données " Carte des Compétences de la recherche " qui devra fournir aux instances gouvernementales des indicateurs sur la recherche au Québec, ses forces, son financement et ses retombées.

1.3   Partenaires de projet

Les produits et les solutions d'eVision sont utilisés par plusieurs clients et partenaires. Nous pouvons en citer :

- FRSQ (Quebec Fund for Health Research) www.frsq.gouv.ca

- MUHC (McGill Research Institute) www.muhc.ca/research/

- CFI (Canada Foundation for Innovation www.innovation.ca/en

- Canada Research Chairs www.chairs.gc.ca/

- MRI (Ontario Ministry of Research and Innovation) www.mri.gov.on.ca

- MDEIE (Ministère du Développement économique, innovation et exportation)

- CIHR(Canadian Institutes in Health Research)

- CRSH (Conseil de recherches en sciences humaines du Canada)

- FQRSC (Quebec Fund for Society and Culture Research)

- FQRNT (Quebec Fund for Nature and Technology Research)

- etc.

2. Problématique

Actuellement, la recherche dans les produits d'eVision est une recherche multi-critères dans les champs des bases de données c'est-a-dire avec des requêtes SQL.

Au cœur de chaque système d'information de eVision, il y a une base de données et des fichiers en attachement.

Alors que, eVision veut aller un peu plus loin et chercher dans le contenu de fichiers attachés, les moteurs de recherche sont pour la plupart, basés sur des techniques essentiellement statistiques et utilisent des mots-clefs pour exprimer les requêtes et décrire les documents référencés. Ces moteurs ont démontré une efficacité certaine et sont utilisés quotidiennement par des millions d'usagers.

Malgré cela, les techniques de recherche mises en œuvre dans les moteurs de recherche conventionnels possèdent des limites et la recherche de documents à l'aide de ces moteurs impose un certain post-traitement aux utilisateurs humains. Lors d'une recherche, les problèmes suivants surviennent fréquemment :

1. Une recherche renvoie des pages contenant les mots-clefs de la requête mais utilisés dans un sens différent du sens que voulait leur donner l'usager (ambiguïté). Par exemple le mot-clef « Indien » : est-ce que c'est l'habitant de l'Inde ou l'autochtone d'Amérique ?

2. *Une* recherche ne renvoie pas les documents formulés avec des mots différents de ceux de la requête mais sémantiquement proches de ceux employés dans la requête (problème de la paraphrase). Par exemple une recherche avec la requête « *voiture* » doit renvoyé des documents qui contiennent « *automobile* » s'ils existent ;

3. Une recherche ne renvoie pas les documents qui contiennent une information pertinente par rapport à la requête mais dans lesquels l'information est dispersée, segmentée.

Cette problématique pourrait être reformulée ainsi :

« *Alors que l'usager désire trouver des documents ayant un sens pertinent par rapport à sa requête, les moteurs conventionnels de recherche n'appairent que les documents qui contiennent les mots saisis et pas ceux ayant une relation avec les mots clés d'origine.* »

3. Objectifs d'eVision

L'objectif principal d'eVision à travers ce projet est d'ajouter à ses nouveaux produits un nouveau moteur de recherche qui surmonte ces limites et qui soit capable de trouver des documents ayant un sens pertinent par rapport à la requête initiale. Pour ce faire :

- Il faut dans un premier temps, proposer une architecture pour un moteur de recherche sur la base documentaire existante.
- Dans un deuxième temps, cette recherche doit se faire de manière classique par mots clés mais également par liens entre le sens de termes de la requête et ceux existants dans le document.

Un autre objectif important est la pertinence des résultats retournés par ce moteur de recherche.

4. Méthodologie de travail

Pour répondre à notre problématique, nous avons suivi une méthodologie de travail bien organisée et bien spécifique au domaine de la recherche d'information.

- Nous avons décidé de commencer par étudier les API de recherche les plus utilisées actuellement pour faire une comparaison afin d'en sélectionner une que nous allons utiliser par la suite pour faire des recherches classiques.
- Ensuite, nous devons passer d'une recherche classique qui se base seulement sur les mots clés saisis dans la requête initiale, à une recherche multi-critères, où le moteur de recherche devient capable d'interpréter le sens des mots clés de la requête afin de trouver d'autres mots en relation avec les mots originaux. Ce qui rend notre moteur de recherche plus performant par rapport à un moteur de recherche classique, puisqu'il devient capable de retourner des résultats pertinents, dans le sens où ils contiennent beaucoup plus des mots qui ont une relation avec les mots clés la requête initiale même si ils ne sont pas saisis par l'utilisateur.
- Enfin, nous devons agir sur la structure de résultats trouvés afin de classer les documents retournés par le moteur de recherche, selon l'ordre d'importance.

5. Conclusion

Dans cette partie, nous avons présenté l'organisme d'accueil (eVision), qui est une entreprise canadienne, spécialisée dans l'analyse et développement de systèmes d'informations pour la communauté de recherche. Ensuite, nous avons expliqué et précisé la problématique générale de ce projet. Il s'agit de comment passer d'une recherche lexicographique à une recherche sémantique.

Enfin, et dans le but de répondre à cette problématique, nous avons donné une méthodologie de travail bien précise.

PARTIE 2 : Etat de l'art et étude comparative

Cette partie présente un état de l'art de la science de Recherche d'Information, en abrégé RI. Une introduction à la recherche documentaire et les modèles de la recherche classique est présentée pour donner une vision sur la révolution du domaine de la recherche. Cette partie introduit aussi, de nouvelles notions à savoir la morphologie et l'extension sémantique qui sont utilisées dans les systèmes de RI. Une étude comparative est faite sur les différents Systèmes de Recherche d'Information SRI afin de déterminer le plus performant d'entre eux. Le système retenu est exposé alors en détail.

1. La recherche documentaire

La RI fait partie du domaine de la science des calculs "Computing Science". Cette dernière traite tout ce qui concerne le sauvegarde et l'accès aux informations (textuelles, graphiques, auditif, etc). Vu que l'information textuelle est la plus répondue, la plupart des SRI essaient de traiter et de maîtriser uniquement ce type d'information. Hélas, cette tâche n'est pas si évidente qu'elle ne paraît, vue la taille des collections disponibles qui peut atteindre des millions de documents.

Ce processus standard de la recherche d'information peut être décrit comme suit : un utilisateur fait appel à l'IRS en envoyant une requête, l'IRS trouve tous les documents pertinents à cette requête. Ce processus est divisé en plusieurs étapes ; La première consiste à analyser le contenu des documents et à créer un index (Figure 1). Un appariement "matching" est effectué entre les termes de la requête et les entrées de l'index pour voir les documents les plus pertinents avec la requête. Cette dernière est soit formulée à l'aide d'un system's query langage "un system de langage d'interrogation" [1], soit exprimée dans un langage naturel. Dans le dernier cas, la requête est passée dans un "parseur" (pour enlever tous les mots dépourvus de sens, transformer les mots en leur racine, etc.). L'étape qui suit consiste à comparer ces mots (après transformation) en utilisant des algorithmes d'évaluation de pertinence "relevance evaluation". Un schéma (Figure 1) des différentes étapes d'une recherche est représenté par la figure suivante.

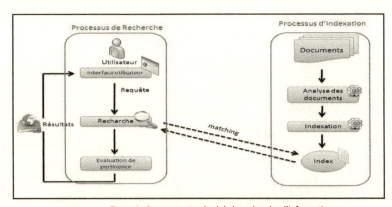

Figure 1 : Processus standard de la recherche d'information

Au sens large, la recherche d'information inclut deux aspects :

- l'indexation des corpus
- l'interrogation du fonds documentaire ainsi constitué

Ces deux aspects, l'indexation et la recherche sont au cœur des problèmes abordés par la SRI [2].

1.1 Historique et définitions

Avec l'apparition des premiers ordinateurs naquit l'idée d'utiliser des machines pour automatiser la recherche d'information dans les bibliothèques. Les premiers systèmes sont utilisés par des libraires et permettent d'effectuer des recherches booléennes, c'est-à-dire des recherches où la présence ou l'absence d'un terme dans un document conduit à la sélection du document. Ces recherches nécessitent plusieurs intermédiaires et surtout de gros moyens : il faut en effet créer une nomenclature permettant de décrire l'ensemble des documents et sélectionner pour chaque document un ensemble de mots-clés.

Cette description par mot-clé (indexation) suppose du libraire une connaissance suffisante pour traduire une question, qui peut être plus ou moins précise, en un ensemble de descripteurs. De plus, le jeu de descripteurs n'est souvent ni suffisant, ni assez précis pour décrire n'importe quel document. Il se peut aussi, que pour des problèmes de synonymie, certains documents répondant à la question d'un utilisateur puissent ne pas être retrouvés. La description manuelle est donc un processus lent et qui ne garantit pas de bons résultats.

Or, il est tout à fait possible d'extraire directement du texte un ensemble de descripteurs. Les premières expériences montrent mêmes que cette approche est tout à fait viable et compétitive par rapport à l'indexation manuelle. L'utilisation grandissante des logiciels de traitements de texte, et par là même la mise à disposition de quantités de plus en plus importantes de textes directement interprétables par l'ordinateur va alors entraîner le développement rapide des modèles de SRI.

L'informatique a permis le développement d'outils pour traiter l'information et établir la représentation des documents au moment de leur indexation, ainsi que pour rechercher l'information. On peut aujourd'hui dire que la recherche d'information est un champ transdisciplinaire, qui peut être étudié par plusieurs disciplines, approche qui devrait permettre de trouver des solutions pour améliorer son efficacité.

1.2   La recherche classique en texte intégral

Dans la recherche textuelle, la recherche classique plein texte (appelée aussi recherche de texte libre) se réfère à une technique de recherche de document ou de base de données enregistrée par un ordinateur ; dans une recherche plein texte, le moteur de recherche examine tous les mots dans chaque document enregistré lorsqu'il essaye de faire correspondre les mots de recherche fournis par l'utilisateur. Les techniques de recherche sont devenues fréquentes dans les bases de données bibliographiques en ligne dans les années 1970 [3]. La plupart des sites Web et des programmes applicatifs (tels que les logiciels de traitement de texte) fournissent des fonctionnalités de recherche plein texte. Des moteurs de recherche dans le Web, comme AltaVista emploient des techniques de recherche plein texte, alors que d'autres n'indexent qu'une partie des pages Web examinées par son système d'indexation.

L'approche la plus fréquente dans la recherche plein texte est de générer un index complet ou une concordance pour tous les documents pouvant être recherchés. Pour chaque mot (sauf les mots vides qui sont trop fréquents pour être utiles comme 'AND', 'WITH', etc) une entrée liste la position exacte de chaque occurrence de ce mot dans la base de données de documents. Il est relativement simple de récupérer d'une telle liste tous les documents qui correspondent à une requête, sans avoir à scanner chaque document. Bien que pour des ensembles de très petits documents la recherche plein texte puisse être faite par scannage sériel, l'indexation est la méthode préférée pour presque toutes les recherches plein texte.

1.3   Modèles de recherche d'informations

Il y a différents modèles de recherche d'informations, nous pouvons citer :

- Recherche par mots clés

- On demande aux créateurs de documents (ou aux indexeurs formés) de fournir une liste de mots qui décrivent le sujet du texte, incluant des synonymes des mots qui décrivent ce sujet. Les mots clés améliorent le retour, particulièrement lorsque la liste de mots clés inclut un mot de recherche qui n'est pas dans le document texte.

- **Recherche restreinte au champ**

  - Des moteurs de recherche permettent aux utilisateurs de limiter les recherches plein texte à un champ particulier dans un enregistrement de données, comme "Titre" ou "Auteur."

- **Recherche par requêtes booléennes**

  - Les recherches qui utilisent des opérateurs booléens (par exemple, "encyclopédie" ET "en ligne" SAUF "Encarta") peuvent accroître considérablement la précision d'une recherche plein texte. L'opérateur ET dit, en effet, "Ne récupère un document que s'il contient chacun de ces termes." L'opérateur SAUF dit, en effet, "Ne récupère pas un document qui contient ce mot." Si la liste de récupération retourne trop peu de documents, l'opérateur OU peut être utilisé pour accroître les retours ; considérons, par exemple, "encyclopédie" ET "en ligne" OU "Internet" SAUF "Encarta". Cette recherche récupérera des documents sur les encyclopédies en ligne qui utilisent le terme "Internet" à la place de "en ligne".

- **Recherche d'expression**

  - Une recherche d'expression ne récupère que les documents qui contiennent une expression spécifiée, comme "Wikipedia[2], l'encyclopédie libre."

- **Recherche de proximité**

---

[2] www.wikipedia.com

- Une recherche d'expression qui ne récupère que les documents qui contiennent deux ou plus de mots qui sont séparés par un nombre spécifié de mots ; une recherche pour « "Wikipedia" AVEC2 "libre" » récupérerait seulement les documents dans lesquels les mots "Wikipedia" et "libre" apparaissent séparés de deux mots au plus à l'aide du mot clé.

- Recherche d'expression rationnelle.

  - Une expression rationnelle emploie une syntaxe de requête complexe mais puissante qui peut être utilisée pour spécifier des conditions de recherche avec précision.

1.4 Algorithmes de recherche améliorés

Les avancées technologiques ont beaucoup amélioré les performances de la recherche plein texte. Par exemple, l'algorithme PageRank de Google fournit plus d'importance aux documents qui ont pointé, au travers de liens hypertextes, par un grand nombre d'autres pages Web. Cet algorithme améliore considérablement la perception de la précision de recherche par les utilisateurs, ce qui explique sa popularité chez les utilisateurs d'Internet, ajoutant à cela que Google vient d'annoncer[3] deux nouveautés à son moteur de recherche, deux algorithmes de recherche encore plus pertinents. Google explique avoir optimisé son algorithme afin que celui-ci puisse élargir le champ sémantique et inclure des concepts et termes liés au mot clé. Un des exemples donnés sur le blog Google reprend les mots-clés « surf dans les îles Canaries » qui livreront des recherches apparentées évoquant le nom de ces îles (Lanzarote, Fuerteventura...). La seconde amélioration proposée par Google concerne les résultats de recherche contenant plus de trois mots clé. Désormais, les descriptions proposées sous chaque lien sont plus complètes et replacent tous les mots clé tapés dans leur contexte. Nous nous assurons ainsi que la page se réfère précisément au sujet souhaité [4].

---

[3] Article publié le : 25 mars 2009

2. L'extension morphologique et sémantique

2.1   Extension morphologique

La variation morphologique a fait l'objet de nombreux travaux en RI [5]. Nous n'en donnons dans cette section que les grandes lignes et le principe et nous concentrons sur les travaux les plus proches des nôtres.

2.1.1   Le phénomène de la variation morphologique

Dans de nombreuses langues, certains mots partagent une proximité graphique; on parle de relations morphologiques. Ainsi en français, le verbe « *transformer* » est ainsi lié à « *transformes* », « *transforme* », « *transformateur* », « *transformation* », etc. nous distinguons usuellement plusieurs types de relations morphologiques [6]; celles qui nous intéressent dans ce rapport sont la flexion et la dérivation. La flexion est la relation existant entre deux mots que seuls distinguent le nombre, le genre, le temps, personne et mode pour les verbes, ou le cas pour les langues à déclinaisons (allemand, polonais, russe...).

Les différents mots liés par la flexion sont appelés formes flechies; parmi celles-ci nous choisissons souvent un unique représentant, le lemme. Par exemple, pour les verbes en français, le lemme est la forme infinitive, pour les adjectifs, le masculin singulier...etc. Une autre relation morphologique souvent manipulée en RI est la dérivation. En morphologie dérivationnelle, deux mots reliés morphologiquement possèdent une racine commune et diffèrent par leurs affixes (principalement des préfixes comme *re-* dans *reconstruire* ou des suffixes comme *-eur* dans *constructeur*, mais aussi des infixes dans certaines langues). Cette dérivation s'accompagne alors d'une modification légère de sens (comme dans faire↔ défaire) et/ou de catégories grammaticales (décider ↔ décision).

Des termes qui dérivent du même lemme ou de la même racine présupposent donc généralement un sens proche. En ce sens, la variation morphologique constitue un type particulier de variation sémantique qu'il est intéressant de capturer, notamment en RI. La prise en compte de la variation morphologique a fait l'objet de nombreuses expérimentations dans ce domaine. Nous proposons ci-dessous un rappel des principales méthodes utilisées et des expériences au sein desquelles elles sont appliquées.

2.1.2 Les outils morphologiques en RI

Au sein d'un SRI, les variantes morphologiques sont prises en compte soit lors de la phase d'indexation des documents et des requêtes (approche par conflation), soit pour l'enrichissement de ces dernières (approche par extension ou expansion de requêtes).

Pour la conflation, les différentes variantes morphologiques possibles d'un mot sont normalisées, i.e. ramenées à une seule et même forme, racine ou lemme, lors de l'indexation. L'appariement des documents et de la requête se fait alors sur la base de cette forme canonique. Pour l'extension de requêtes, il s'agit de procéder également à la reconnaissance des variantes morphologiques sans opérer cependant de traitement de normalisation. Les termes de la requête de l'utilisateur sont enrichis par le biais de leurs variantes morphologiques au moment de la recherche. Une approche très commune, les temming (ou racinisation), cherche à rassembler les différentes variantes d'un mot au tour d'un stem (i.e. une pseudo-racine).

Cette procédure traite à la fois des cas relevant de la flexion et de la dérivation. Les techniques utilisées pour procéder à la racinisation reposent généralement sur une liste d'affixes de la langue considérée et sur un ensemble de règles de desuffixation construite [7] qui permettent, étant donné un mot de trouver son *stem*. Bien que le principal avantage de ces outils réside dans leur simplicité, l'absence de contraintes linguistiques fortes engendre néanmoins des erreurs de sur-racinisation (le stem nat qui regroupe à la fois nature et nation) ou de sous-racinisation (le stem adaptat qui empêche le regroupement des formes adapter et adaptation).

D'autres expériences en RI ont tenté de prendre en compte la variation morphologique à l'aide d'outils plus « sophistiqués » que les stemmers, s'appuyant notamment sur des outils ou des données issus du traitement automatique des langues. Des outils performants de lemmatisation existent maintenant pour de nombreuses langues. Les outils d'analyses dérivationnelles, bien que moins courants et parfois attachés à un domaine (par exemple le domaine biomédical), sont aussi parfois disponibles. En RI, ces outils sont le plus souvent utilisés successivement, la lemmatisation précédant l'analyse dérivationnelle et apportent un gain de performances variable selon les langues et les expériences mais globalement positif [8, 9].

Ainsi, bien que la prise en compte des variantes morphologiques en RI apparaît être évidente pour l'amélioration des performances des SRI, le choix de la méthode la plus adaptée pour le traitement des variantes morphologiques en RI reste particulièrement difficile. Un certain nombre de travaux ont cherché à comparer l'efficacité des raciniseurs par rapport aux analyseurs fondés sur des traitements linguistiques [10,11].Néanmoins, les conclusions sont confuses et il reste difficile d'affirmer la supériorité de tel outil par rapport à tel autre.

2.2   Extension sémantique

La sémantique est l'étude scientifique de la signification. En tant que telle, elle exige des techniques et des outils particuliers et des méthodes scientifiques.il existe plusieurs relations sémantiques entre les différents mots de chaque langue, nous définissons dans ce qui suit les principales relations dont nous aurons besoin à savoir la synonymie, l'hyponymie et l'hyperonymie.

2.2.1   Synonymes

La synonymie est   un   rapport   de   proximité sémantique entre   des mots ou des expressions d'une même langue. La proximité sémantique indique qu'ils ont des significations très semblables. Des termes liés par synonymie sont des synonymes.

Exemples :

  ✓ *rapidement* et *vite* sont des synonymes
  ✓ *finir* et *terminer* sont des synonymes

2.2.2 Hyperonymie

L'hyperonymie est la relation sémantique hiérarchique d'un mot à un autre selon laquelle l'extension du premier terme, plus général, englobe l'extension du second, plus spécifique. Le premier terme est dit hyperonyme de l'autre, ou superordonné par rapport à l'autre.

Un hyperonyme est une catégorie générale regroupant des sous-catégories. Par exemple :

- ✓ Parmi les sciences nous pouvons distinguer les maths et la physique; donc « science» est un hyperonyme de « math» et de « physique».

Une même unité sémantique peut relever de plusieurs hyperonymes, ainsi « mosquée » possède deux hyperonymes, « bâtiment » et « lieu sacré » qui peuvent ne pas entretenir de relation hiérarchique l'un par rapport à l'autre. Ainsi « bâtiment » comprend les termes « maison » (qui ne sont pas des lieux sacrés) tandis que « lieu sacré » inclut « cimetière » qui n'est pas un bâtiment.

2.2.3 Hyponymie

L'hyponymie est la relation sémantique d'un mot à un autre selon laquelle l'extension du premier est incluse dans l'extension du second. Le premier mot est dit hyponyme de l'autre. C'est le contraire de l'hyperonymie.

Par exemple :

- ✓ pomme et orange sont dans une relation spéciale avec fruit. Nous disons que fruit est l'hyperonyme de pomme et d'orange et que pomme et orange sont des hyponymes de fruit. La relation elle-même entre un hyponyme et un hyperonyme s'appelle l'hyponymie.
- ✓ « statistique » est un hyponyme de « Maths » et « Maths » est un hyponyme de « sciences ».

3. Étude comparative des API de recherche

Nous avons décidé de nous baser sur une API de recherche déjà existante pour faire la recherche et l'indexation. Dans la présente étude nous essayons de comparer un ensemble d'API afin d'en choisir une.

Les API de recherche choisis pour cette comparaison sont actuellement parmi les API les plus performantes et les plus utilisées.

3.1 API de Google

L'API Google[4] est un kit de développement logiciel disponible librement, qui permet de créer de nouvelles applications utilisant directement la base de données des pages indexées par Google, par le biais d'un service web.

Google API est une interface de programmation, c'est-à-dire une liste de fonctions utiles aux programmeurs pour exploiter le moteur de recherche Google dans leurs propres logiciels ou leurs propres sites internet. Cette API permet donc de pouvoir exploiter le potentiel de Google de la manière que l'on souhaite, pour peu de posséder des bases de programmations (PHP, C, PERL...). L'utilisation de l'API Google est soumise à une identification par le biais d'une clef délivrée par Google qui n'autorise de générer que 1000 requêtes par jour. Ainsi, l'utilisation de l'API, sans accord particulier de Google, reste le plus souvent limité à un cadre personnel, ou semi professionnel, mais ne permet en aucun cas d'exploiter commercialement les résultats [13].

3.2 API de Yahoo

Depuis mars 2005, Yahoo[5] a lancé également son API. Cette dernière propose un accès à sa base de données d'images, de vidéos ou encore de news.

---

[4] Disponible Ici : http://code.google.com/intl/fr/apis/ajax/

[5] Disponible ici : http://developer.yahoo.com/download/

De plus, l'API Yahoo autorise une limite journalière de 5000 requêtes contre 1000 pour Google (pour les recherches Web) et chaque requête peut retourner 50 résultats (contre 10 pour Google). Nous pouvons donc au total récupérer 25 fois plus de résultats qu'avec l'API Google.

3.3   API de Lucene

Lucene[6] est un outil de recherche développé en Java selon la philosophie « Open Source ».

Lucene agit en quelque sorte comme une couche intermédiaire entre les données à indexer et le programme principal. Pour ce faire, il indexe des objets appelés des documents et, à partir des index, il permet une recherche rapide et efficace dans ces documents.

Notez ici que le terme document a un sens très large : un document pourrait être un texte Word, un fichier PDF, un ensemble de fichiers, une page web sur un serveur distant, des informations stockées dans une base de données, etc. Lucene n'a qu'une seule exigence : le document original doit pouvoir être converti en fichier texte.

Concrètement, Nous pouvons utiliser Lucene dans un programme Java en faisant appel à des classes propres à Lucene qui effectuent le travail lié à l'indexation et à la recherche dans un index.

Les documents indexés sont regroupés au sein d'une collection de documents appelée "index". Un index peut contenir plusieurs centaines, milliers ou millions de documents et il est possible de créer autant d'index différents que le nécessite les applications. Physiquement, un index est un répertoire hébergeant un nombre variable de fichiers.

3.4   Jirs

Le moteur de recherche (JIRS)[7] est un système de recherche documentaire basé sur des passages. Il est composé de plusieurs bibliothèques fournissant un système (SRI) de

---

[6] Disponible ici : http://lucene.apache.org/java/docs/index.html

[7] JIRS (Java Information Retrivel System)

recherche documentaire qui inclut un système de récupération de passage orienté aux applications des questions et réponses.

3.5 Les critères de choix

Chacun des moteurs de recherche peut être caractérisé par les éléments qui le mettent en œuvre ainsi que les performances qu'il a dans différents scénarios. Nous avons défini 6 caractéristiques communes pouvant être utilisées pour décrire chaque moteur de recherche, en se fondant uniquement sur les fonctionnalités et les caractéristiques intrinsèques qu'ils possèdent:

- ➢ L'analyse morphologique
- ➢ La rapidité du traitement
- ➢ Les types des fichiers traités
- ➢ La possibilité de la recherche en local
- ➢ Langage de programmation
- ➢ La disponibilité

3.5.1 Matrice de choix

La matrice de choix permet de donner une évaluation globale sur les performances de chaque moteur de recherche, nous avons pris en compte les 6 critères de choix que nous avions déjà cité, donc on va leur accorder une importance particulière en faisant des tests détaillés sur eux dans les chapitres qui suivent.

En donnant pour chaque critère une note allant de 0 à 5, la note '0' signifie que le moteur de recherche ne permet pas de faire la dite fonctionnalité ou qu'il est médiocre par rapport à un critère donné, tandis que la note '5' signifie que le moteur remplie pleinement la dite fonctionnalité et/ou respecte un critère d'une façon optimale.

Le tableau ci-dessous présente en détails les différents critères que nous allons évaluer pour chaque moteur de recherche, ainsi que la note donnée pour chacun d'entre eux.

API / Critères de choix	GOOGLE	JIRS	YAHOO	LUCENE
L'analyse morphologique	5	5	0	0
La rapidité du traitement	5	3	4	3
Type des fichiers	5	1	5	1
Possibilité de la recherche en local	0	5	0	5
Langage de programmation	java/jScript/html/3	java/4	java/jScript/html/3	java/4
Licence	1	5	3	0
Note Globale	3,83	3,83	2,5	2,33

Tableau 1: La matrice de choix

3.5.2   Résultat de la comparaison

En analysant ce tableau nous constatons que, selon les différents critères que nous avons fixés, nous trouvons que Lucene est classé en dernière position avec une notes de 2.33 vu qu'il ne répond pas à la plupart des fonctionnalités. En troisième place, l'API de Yahoo avec un score de 2.05, cette note est dûe surtout au fait que ce moteur de recherche est incapable de faire l'analyse morphologique qui est une des fonctionnalités principales exigées dans l'API qui sera retenu pour la suite. En deuxième position, l'API de Google avec un score de 3.83, cette API est assez solide concernant les trois premiers critères avec une notes de 5/5, mais malheureusement il ne répond pas à nos besoins dans la partie de la recherche en local et aussi l'impossibilité d'avoir une version stable de l'API vu que l'organisme concerné ne cesse de faire des mises à jour et des modifications périodiquement.

Pour le moteur de recherche JIRS, nous constatons qu'il a répondu à la plupart des critères dont on aura besoin, à savoir L'analyse morphologique, La rapidité du traitement, Langage de programmation adéquat et enfin la disponibilité de l'API et donc le choix de ce moteur est bien justifié vu la note qu'il a obtenu par rapport aux autres moteurs de recherche.

4. Conclusion

Dans cette partie, nous avons présenté les connaissances de base concernant le domaine de la recherche d'information à savoir les principes et des modèles de la recherche documentaire ainsi que son évolution.

Dans le but d'augmenter la performance de notre moteur de recherche et plus concrètement d'y ajouter la sémantique, nous avons présenté des nouvelles notions que nous allons utiliser par la suite. Il s'agit de la morphologie et de l'extension sémantique.

Enfin, nous avons choisi JIRS comme API de recherche après une étude comparative de quelques API de recherche, pour qu'elle soit la base de notre travail par la suite.

PARTIE 3 : Développement de la plateforme

Dans cette partie nous présentons les différents outils que nous avons utilisés durant la réalisation du projet, l'architecture de notre application, une vue général de l'API et enfin nous terminons avec une conclusion.

1. Présentation des outils

1.1 Jirs

Nous rappelons que JIRS est un système de recherche documentaire basé sur des passages (un passage est une ligne de texte contenant au moins un mot de la requête initiale). JIRS est composé de plusieurs bibliothèques fournissant un système (SRI) de recherche documentaire qui inclut un système de récupération de passage orienté aux applications des questions et réponses.

JIRS est conçu pour être modulaire et fortement configurable grâce à son module JPM[8]. Ce module permet la définition du comportement de tout le système en changeant seulement le fichier RCF de configuration (Run Configuration File). Ce RCF contient toutes les règles et les paramètres nécessaires pour l'exécution correcte du système.

Un document doit être stocké dans un ou plusieurs fichiers sous le format (.sgml) comme le montre l'exemple suivant :

```
<DOC>
    <DOCNO>DOCUMENTO_INFOS</DOCNO>
    <TEXT>
        TEXT OF DOCUMENT 1
    </TEXT>
</DOC>
<DOC>
    <DOCNO>DOCUMENTO_INFOS</DOCNO>
    <TEXT>
        TEXT OF DOCUMENT 2
    </TEXT>
</DOC>

...
```

Figure 2 : Structure d'un fichier (.sgml)

---

[8] JPM (Java Process Manager)

Comme les autres moteurs de recherche, avant d'utiliser JIRS, il faut obligatoirement passer par l'étape d'indexation. Cette étape demande l'adaptation des fichiers à indexer sous le format (.sgml) que nous avons déjà présenté.

Tous les paramètres exigés pour l'exécution d'une requête sont spécifiés dans le fichier runs.xml, avec la possibilité de les modifier dans le fichier XML[9], où les passer directement dans les paramètres de la commande.

JIRS travaille en mode client/serveur, c'est à dire que l'étape de la recherche d'information se divise en deux sous processus : nous devons tout d'abord lancer le serveur avec un numéro de port spécifié, dans la plupart des cas le port 8080, puis lancer le client à travers lequel nous lançons des requêtes.

Le tableau 1 ci-dessous résume les principaux paramètres à définir selon les besoins de la recherche, ainsi que les valeurs par défaut de chaque paramètre qui sont déjà déterminés dans le fichier « runs.xml ».

Paramètre	Fonction	Valeur par défaut
Folder	Le dossier qui contient le fichier à indexer	.
Pattern	L'extension des fichiers à indexer	.sgml
language	La langue	english
recursive	La recherche ou non dans les sous dossiers	no
Mode	Mode d'exécution : graphique/texte	graphic
encoding	Type d'encodage	Cp1252
npassages	Nombre de passages retournés	10
naddlines	Nombre de mot dans chaque passage	100
Host	La machine utilisée pour la recherche	Host
Port	Le numéro de port utilisé	8080

Tableau 2 : Les principaux paramètres à spécifier pour JIRS

---

[9] Extensible Markup Language

1.2   WordNet

1.2.1 Définition

WordNet[10] est une ressource lexicale de large couverture, développée depuis plus de 20 ans pour la langue anglaise. Elle est utilisable librement, y compris pour un usage commercial, ce qui en a favorisé une diffusion très large. Plusieurs autres ressources linguistiques ont été constituées (manuellement ou automatiquement) à partir de, en extension à, ou en complément à WordNet.

Des programmes issus du monde de l'Intelligence Artificielle ont également établi des passerelles avec WordNet.

L'ensemble constitue un « écosystème » complet couvrant des aspects lexicaux, syntaxiques et sémantiques. Combinées, ces ressources fournissent un point de départ intéressant pour des développements sémantiques en TAL[11] ou dans le cadre du Web sémantique, tels que la recherche d'information ou l'inférence pour la compréhension automatique de textes.

Par exemple Wikipedia utilise WordNet pour expliquer des mots et trouver les relations entre les mots. WordNet à son tour utilise Wikipedia pour l'enrichissement de sa base de données par des nouveaux mots.

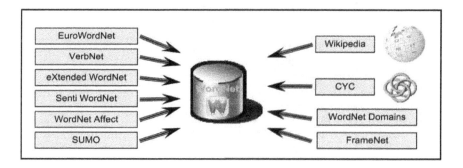

Figure 3 : Ressources disposant d'une traçabilité vers WordNet

---

[10] Disponible ici : http://wordnet.princeton.edu/obtain

[11] TAL (Traitement Automatique des Langues)

Son but est de répertorier, classifier et mettre en relation de diverses manières le contenu sémantique et lexical de la langue anglaise. Le système se présente sous la forme d'une base de données électronique qu'on peut télécharger sur un système local. Des interfaces de programmation sont disponibles pour de nombreux langages.

1.2.2 Organisation generale

Le synset (ensemble de synonymes) est la composante atomique sur laquelle repose WordNet. Un synset correspond à un groupe de mots interchangeables, dénotant un sens ou un usage particulier. Un synset est défini d'une façon différentielle par les relations qu'il entretient avec les sens voisins.

Les noms et verbes sont organisés en hiérarchies. Des relations d'hyperonymie (« est-un ») et d'hyponymie relient les « ancêtres » des noms et des verbes avec leurs « spécialisations ». Au niveau racine, ces hiérarchies sont organisées en types de base. Le réseau des noms est bien plus profond que celui des autres parties du discours.

À partir par exemple du sens le plus commun du mot car (correspondant a l'ensemble : car, auto...) la relation d'hyperonymie définit un arbre de concepts de plus en plus généraux :

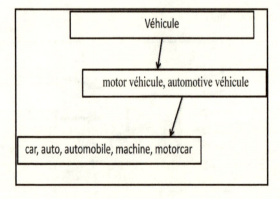

Figure 4 : hiérarchie de WordNet

Dans cet exemple, il est clair que le premier concept, "Véhicule", est plus général, plus abstrait.

1.3   Jwnl

1.3.1 Définition Jwnl ?

Comme son nom l'indique, (Java WordNet Library) « JWNL » [14] est une API qui permet la récupération des données à partir de la base de données WordNet. Il s'agit d'une API simple et rapide qui est compatible avec les versions 2.1 et 3.0 de WordNet et peut être utilisé avec la version 1.4 de Java ainsi que les versions ultérieures.

1.3.2 Comment utiliser Jwnl ?

Pour bien utiliser les fonctionnalités et les services offerts par l'API JWNL il faut suivre les étapes suivantes :

- Obtenir une copie des fichiers contenus dans la base de données WordNet, pour cela il faut télécharger et installer cette dernière [15].
- Ensuite télécharger l'archive java (JAR) fichier contenant le code compilé JWNL [16].
- Inclure le fichier JAR que vous avez téléchargé dans votre machine virtuelle Java.
- Spécifier   pour votre application le chemin du dossier« WordNet.database.dir» contenant le dictionnaire de données. Par exemple Si vous avez installé l'application WordNet dans le répertoire C:\ sous Windows les fichiers se trouvent dans le répertoire C:\Program Files\WordNet\2.1\dict.

Voici un exemple d'utilisation : Pour récupérer l'ensemble de synonymes du mot «*car* », il suffit d'appliquer la méthode « *getSyn(car)* » pour avoir le résultat sous forme d'une liste des mots.

1.4   Eclipse

Eclipse est un environnement de développement intégré spécialement conçu pour le langage de programmation Java. Le logiciel est entièrement gratuit, open-source, mais également extensible. Ainsi, la partie servant à développer en Java n'est qu'une partie des plug-ins qu'utilise Eclipse. En effet, d'autres plug-ins peuvent être utilisés afin de développer tous les langages et tous les formats de fichiers supportés. Il est ainsi possible de programmer en Java, en PHP, en XML, en HTML, en C#, ou encore en C++.

Grâce à son interface complète et accessible, Eclipse va permettre de développer des sites Web et logiciels en toute simplicité. En plus d'être doté de nombreuses performances, Eclipse est gratuit et open-source ce qui fait de lui un concurrent de taille face aux autres environnements de développement qui sont généralement payants.

La base de cet environnement de développement est composée de : Platform Runtime (qui démarre la plateforme et gère les plug-ins), SWT (la bibliothèque graphique de base de l'EDI), JFace (bibliothèque graphique de plus haut niveau), Eclipse Workbench (dernière couche graphique permettant de manipuler des composants).

1.5   Apache Tomcat

Apache Tomcat est un conteneur libre de servlet Java 2 Enterprise Edition. Issu du projet Jakarta, Tomcat est désormais un projet principal de la fondation Apache. Tomcat implémente les spécifications des servlets et des JSP de Sun Microsystems. Il inclut des outils pour la configuration et la gestion, mais peut également être configuré en éditant des fichiers de configuration XML. Comme Tomcat inclut un serveur HTTP interne, il est aussi considéré comme un serveur HTTP.

1.5.1   Environnement

Tomcat est un serveur Web qui gère les servlets et les JSP. C'est le compilateur Jasper qui compile les pages JSP pour en faire des servlets. Le moteur de Servlet Tomcat est souvent employé en combinaison avec un serveur Web Apache ou d'autres serveurs Web. Tomcat a été écrit en langage Java, il peut donc s'exécuter via la JVM (machine virtuelle java) sur n'importe quel système d'exploitation la supportant.

1.5.2   Principe de fonctionnement

Tomcat est souvent utilisé en association avec un autre serveur web, en général Apache. Apache s'occupe de toutes les pages web traditionnelles, et Tomcat uniquement des pages d'une application web Java. Nous pouvons utiliser le module mod_jk pour paramétrer la communication entre Apache et Tomcat. Techniquement, Apache communique avec Tomcat sur le port 8009, mais Tomcat peut aussi être atteint via son propre port (8080 par défaut).

1.6   Toad for Oracle

Toad for Oracle est une solution de développement et d'administration qui permet d'exécuter les tâches quotidiennes de manière efficace et précise.

Depuis 10 ans, Toad for Oracle reste la solution la plus avancée et la plus largement utilisée sur son marché. En effet, grâce à son mode de navigation simplifié, un workflow fluide et intuitif, un éditeur PL/SQL avancé et des fonctionnalités d'optimisation et d'administration performantes, Toad for Oracle est l'outil idéal pour les experts et les nouveaux utilisateurs Oracle.

2. Solution proposée

2.1   Architecture

Le cycle de vie de la recherche d'information via notre système est composé de trois principales étapes (figure 4) :

   1. Etape d'analyse de la requête

   2. Etape d'extension de requête, cette étape se divise en deux autres étapes :

      a) Etape d'extension morphologique de la requête

      b) Etape d'extension sémantique de la requête

   3. Etape de recherche des documents

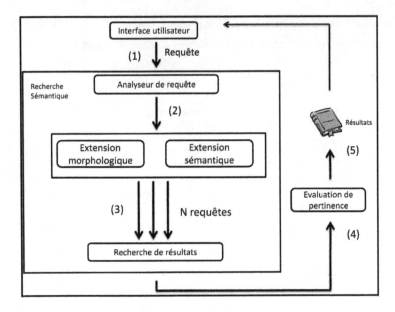

Figure 5 : Architecture de la plateforme

Comme l'illustre la figure 4, la requête est envoyée à un analyseur de requête(1), qui fait un traitement de préparation de la requête qui consiste à enlever les mots vides, afin de l'envoyer au moteur de recherche.

La requête analysée est envoyée pour un traitement d'extension de requêtes (2) par une extension morphologique et sémantique. Chaque extension se charge de générer de nouveaux mots. Par la suite chaque combinaison de mots génère une nouvelle requête(3). Ensuite c'est avec ces requêtes générées que la recherche est faite(4). Et enfin un processus d'évaluation de pertinence va ordonner les résultats (5) selon leur importance et va les préparer pour l'affichage.

2.2 Extension de requêtes

L'étape d'extension des mots clés (figure 5) est l'une des étapes cruciales de notre système.

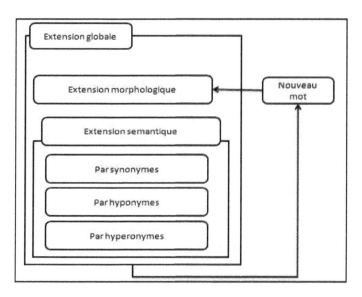

Figure 6 : Phases de l'extension des mots clés

En effet, en se basant seulement sur les mots clés apparaissant dans la requête, le nombre de documents contenant ces mots clés peut être faible et par conséquent diminue les chances de trouver un résultat viable. C'est pour cela que nous procédons à une extension des mots clés originaux. Cette étape consiste à retourner d'autres mots clés proches (ayant une certaine relation avec les mots clés d'origine) qui permettraient d'augmenter les chances de trouver des documents pertinents par rapport à la requête.

Cette extension est généralement réalisée par utilisation d'un outil morphologique qui génère d'autres formes du même mot. Par exemple, le mot « image » a d'autre formes comme « images », « imaging »...etc.

Notre système ne consiste pas à étendre les mots clés seulement sur le plan morphologique mais également sur le plan sémantique. Pour ce faire, nous avons utilisé l'ontologie sémantique WordNet.

Ainsi, notre système d'extension des mots clés ne s'opère pas seulement sur le plan morphologique mais également sur le plan sémantique et s'exécute en 3 phases :

1. Nous cherchons les équivalents (issus de WordNet) d'un mot clé d'origine dits synonymes.

2. Nous cherchons les sous types (issus de WordNet) liés au mot clé d'origine dits hyponymes.

3. Nous cherchons les super types (issus de WordNet) liés au mot clé d'origine dits hyperonymes.

Ces nouveaux mots pourraient également jouer le rôle de mots clés; par conséquent, chaque nouveau mot trouvé, génère une nouvelle requête qui doit subir à une extension morphologique.

2.3   Algorithme d'extension de requêtes

À partir de WordNet, nous construisons la liste des mots qui représentent une généralisation (un hyperonyme), une spécialisation (un hyponyme) ou une équivalence (un synonyme) des mots de la requête

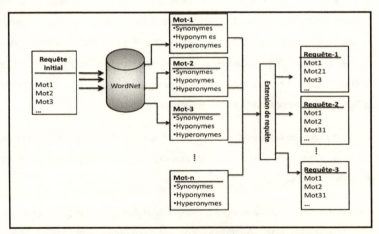

Figure 7 : Démarche suivie pour l'extension de requêtes proposées

Cette liste, que nous appelons **μ**. Par exemple le mot « *science* » produirait la liste **μ** (science)= {*scientific_discipline, natural_science, agronomy, mathematics, math, maths, branch_of_knowledge, study...*}. La liste **μ** contient alors des mots situés dans ce que nous appelons le voisinage sémantique du mot « *science* ».

En conséquence, nous avons appliqué un algorithme permettant de générer des nouvelles requêtes. Soit le tableau suivant :

Mot-1	Mot-2	Mot-3	Mot-4	Mot-5	Mot-6	Mot-7
canadian	Biotechnology	company	offer	cure	lung	cancer
	Biotechnologies	companies		curative		Malignant neoplastic disease
				remedy		
				remedies		

Tableau 3 : Mots-clefs utilisés pour composer des requêtes avec l'extension de requêtes

La première ligne de chaque colonne du tableau (3) contient tous les mots-clefs de la requête initiale, les lignes suivantes contiennent les différents synonymes de ces mots utilisés pour composer des requêtes ayant un sens équivalent à la requête "a canadian biotechnology company offers a cure for lung cancer ". Enfin, chaque requête doit contenir un mot de chaque colonne soit un total de 1*2*2*1*4=16 requêtes. Par exemple les requêtes suivantes seront acheminées à JIRS (pour chercher des résultats) :

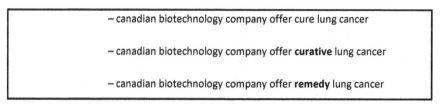

– canadian biotechnology company offer cure lung cancer

– canadian biotechnology company offer **curative** lung cancer

– canadian biotechnology company offer **remedy** lung cancer

Comme nous pouvons le voir dans l'exemple précédent, le mécanisme d'extension des

requêtes que nous proposons permet d'élargir le nombre de documents retrouvés par les moteurs de recherche.

Afin d'éliminer les mots trop spécifiques et trop généraux et de donner une taille raisonnable à **μ**, nous avons limité la liste à 10 niveaux d'équivalence(Synonymes) et à 5 niveaux de généralisation(Hyperonymes) et de spécialisation(Hyponymes) dans WordNet, en laissant le choix à l'utilisateur de modifier ces valeurs quand il le souhaite.

Ensuite, un processus de calcul est déclenché pour calculé le poids convenable pour chaque requête générée et suivant les types de mots qu'elle contient.

Une fois que nous terminonsle calcul de poids de tous les requêtes, ces dernières sont envoyées au moteur de recherche JIRS, qui nous retourne les résultats sous forme d'un fichier XML (figure 7), contenant les passages[12] trouvés pour chaque requête.

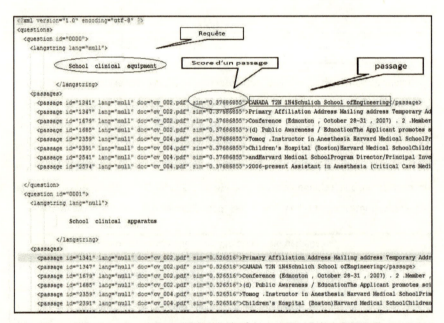

Figure 8 : Exemple d'un fichier XML retourné par JIRS

Après avoir évalué la pertinence des requêtes, la dernière chose qu'il nous reste à faire est d'évaluer la pertinence des résultats retournés. Pour ce faire, un autre processus de calcul est déclenché pour évaluer le score final de chacun des documents retournés par le moteur de recherche afin de les classés.

---

[12] Un passage est une ligne de texte contenant au moins un mot de la requête

3. L'API « eBhat »

3.1 Modularité

Lors de la réalisation de notre moteur de recherche, nous avons essayé d'appliquer au maximum les principes exigés par le génie logiciels, de la conception jusqu'au déploiement de la nouvelle solution. Dans cette partie du rapport nous décrivons surtout la conception de l'architecture du moteur de recherche, c'est-à-dire la décomposition du système en modules, avec la description des relations entre les différents modules.

Nous avons divisé le travail en plusieurs module et sous modules, tout en respectant la hiérarchie et la simplicité des relations entre l'ensemble des parties de l'application, la figure ci-dessous montre les différents modules et sous modules préposés.

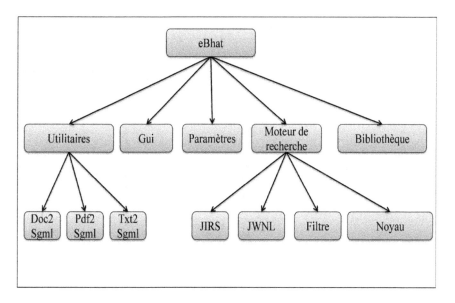

Figure 9 : Les différents modules de l'application eBhat

Chacun de ces modules joue un rôle bien déterminé, alors soit qu'il offre des services à un autre module, soit qu'il reçoit des services et des fonctionnalités d'un autre.

3.2   Diagramme de paquetage et arborescence

Le diagramme de paquetage dresse l'ensemble des packages nécessaires et indépendants en terme de rôle et fonctions pour l'application, le diagramme de paquetage correspondant a notre moteur de recherche est le suivant :

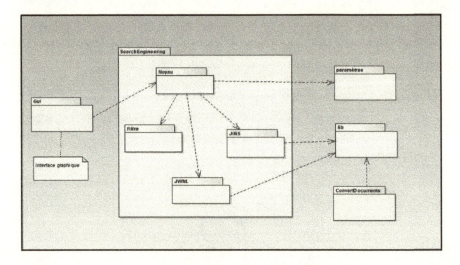

Figure 10 : Diagramme de paquetages

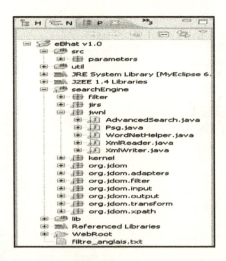

Figure 11 : L'arborescence de l'application « eBhat » sous Eclipse

Le répertoire « eBhat v1.0 » est le principal répertoire de l'application, il contient tous les paquetages et les sous packages nécessaires pour l'exécution du projet:

- Le package « parameters» : contient une seule classe qui permet de définir l'ensemble des constantes ainsi que leurs valeurs.
- Le package « searchEngine» : c'est le package principal de l'application, il contient plusieurs sous package à savoir :
  - Le sous package « filter » : les classes qui appartiennent à ce package ont comme rôle l'analyse et le traitement de la requête initial afin de vérifier la taille de la requête et d'enlever les mots vides par exemple en anglais nous trouvons « and, the, for... ».
  - Le package « jirs » : il est responsable de la communication avec le moteur de recherche JIRS, ces classes permettent les différents traitements exigés avant de lancer une recherche à savoir l'analyse de la base des fichiers dans laquelle nous allons faire des recherches et l'indexation.
  - Le package « jwnl » : il contient un ensemble de classes destinées à interroger la base de données WORDNET afin de générer pour chaque mot de la requête l'ensemble des mots qui ont une relation sémantique avec, soit par synonymie, hyponymie ou bien hyperonymie, il comporte aussi l'ensemble des programmes qui ont comme mission le calcul du score de chaque fichier ainsi l'ordonnancement des différents documents retournés par les moteurs de recherche.
- Le dossier « lib » rassemble l'ensemble des APIs que nous avons utilisées pour faire les différents traitements à savoir la lecture et l'écriture dans des fichiers (.xml), les différents type de conversion (Doc2Sgml, Docx2Sgml, Pdf2Sgml, Txt2Sgml) et enfin la communication avec WORDNET et JIRS.
- Le dossier « gui » englobe les différentes interfaces graphiques que nous avons développées pour faciliter l'affichage des résultats retourné par le moteur de recherche

4. Conclusion

Dans cette partie, nous avons présenté les différents outils que nous avons utilisés pour développer notre application, nous avons abordé le cœur de notre projet, à savoir l'architecture interne du moteur de recherche « eBhat », les différents algorithmes utilisés, ainsi que le diagramme de paquetage qui représente les différents dépendances fonctionnel entre l'ensemble des modules et sous modules de l'application et enfin une vue générale sur l'arborescence sous Eclipse. Le chapitre suivant sera consacré pour les tests et les résultats obtenus.

PARTIE 4 : Cas d'utilisation et résultats

Dans cette partie, nous présentons deux applications que nous avons développées pour faciliter l'affichage des résultats retournés par notre moteur de recherche, ensuite nous allons proposer un ensemble de tests et des exemples, chacun de ces derniers est effectué par rapport à un critère parmi ceux que nous avons définis dans la problématique de notre projet de fin d'études à savoir : la morphologie, la sémantique et la structure.

1. Aperçu de l'application

Pour faciliter l'affichage des résultats obtenus par notre moteur de recherche nous avons développé deux applications web. La première qui nous permet de lancer des recherches simples et avec des paramètres prédéfinis par nous même voir (partie 3) et la deuxième qui va offrir à l'utilisateur la possibilité de faire des recherche avancées pour obtenir des résultats qui sont spécifiques à ses besoins.

La recherche simple, tel qu'illustré par la capture d'écran de la figure 11 :

Figure 12 : Interface graphique d'eBhat au démarrage de l'application

Dans la partie gauche de l'interface d'eBhat nous retrouvons le champ de texte dans lequel l'usager peut saisir sa requête. Dans la partie droite de cette interface, nous avons placé un bouton pour lancer la recherche, et un lien vers une recherche avancée. Initialement, tous les paramètres sont initialisés par défaut :

- ✓ avec morphologie,
- ✓ avec sémantique,
- ✓ la langue par défaut est l'anglais,
- ✓ le nombre de synonymes est fixé à 10,
- ✓ le nombre d'hyponymes est fixé à 5,
- ✓ le nombre d'hyperonymes est fixé à 5.

Revenons maintenant à la partie droite de l'interface d'accueil et plus précisément au lien « Advanced search », en cliquant sur ce lien, une autre application s'ouvre où il y a des paramètres à ajuster (figure 12) et ceci afin de faire une recherche avancée.

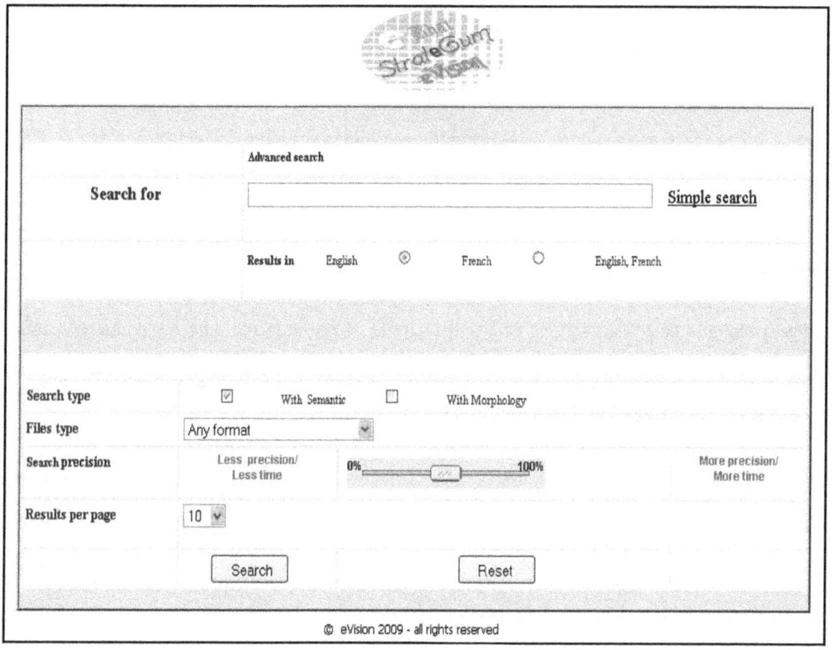

Figure 13 : La page d'ajustement des paramètres

Via cet écran, l'usager peut attribuer des valeurs aux paramètres correspondant à sa recherche. En effet, comme l'illustre la figure 12, cette interface peut être divisée en deux partie, la première partie est similaire à la recherche simple et la deuxième partie en bas, à la première ligne l'usager peut choisir le type de recherche qu'il veut (avec sémantique ou sans sémantique, avec morphologie ou non), la deuxième ligne permet à l'usager de sélectionner le format des fichiers qu'il cherche. La troisième ligne contient une réglette (slider, en anglais) par laquelle l'usager détermine le niveau de précision de sa recherche. Ici nous avons choisi d'initialiser le niveau de précision à 50% correspond à 10 synonymes, 5 hyponymes et 5 hyperonymes et nous avons laissé le choix à l'utilisateur pour régler le niveau de la précision (100 % implique une grande précision avec un temps de traitement plus grand). La quatrième ligne permet de choisir le nombre des résultats qu'il veut par page. Et en fin à la dernière ligne il y a deux boutons, le premier à gauche pour lancer la recherche et l'autre pour réinitialiser les paramètres par défaut.

2. Scenarios de tests

Dans cette partie, nous proposons un cas d'utilisation d'eBhat afin de reprendre chacune des étapes du processus de recherche de documents que nous avons développé. Ce test a été réalisé sur un pentium 4 à 3.20 Ghz avec 2 Go de RAM utilisant le système d'exploitation Windows. Chaque étape sera illustrée par différentes captures d'écrans montrant l'interface utilisateur d'eBhat, ainsi que les résultats obtenus.

L'ensemble des tests qui seront présentés par la suite sont sur une base documentaire fournie par la société eVision. Ce sont des CVs et des formulaires qui sont stockés dans les bases de données des différentes applications de la société.

Le scenario des tests est effectué de la façon suivante, pour chaque critère que nous avons déjà fixé dans la partie de la définition des besoins de la société, nous allons effectuer et présenter un exemple qui va répondre à ce critère tout en expliquant les résultats obtenus.

2.1   Critère 1 : la morphologie

L'objectif de cet exemple est de monter la capacité de notre moteur de recherche de trouver des mots qui ont une relation morphologique avec le mot saisis initialement dans la requête.

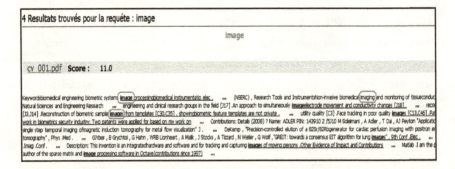

Figure 14 : Résultat obtenu pour la requête « image »

Nous avons tapé comme requête le mot « image » et comme résultats nous avons eu plusieurs documents. Parmi ces derniers il y a ceux qui contiennent le mot « image » tel qu'il est saisi dans la requête initiale qui est mis en noir et en gras pour faciliter la visibilité .D'autres documents contiennent des mots qui ont une relation morphologique avec le mot saisie initialement par exemple les mots « imaging », « images ».

2.2   Critère 2 : la sémantique

Le but de ce test est de prouver un avantage très intéressant dans notre application, il s'agit de la sémantique. En effet, considérons la requête suivante :

« project of image processing »

La capture d'écran de la figure 14 est un exemple de résultats trouvés par l'application pour la requête précédente :

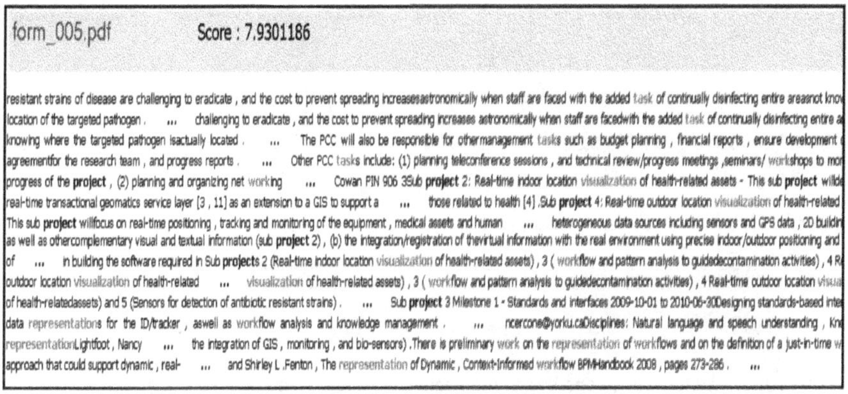

Figure 15 : Résultat montrant la sémantique

En observant ce résultat, nous pouvons constater que ce document contient beaucoup de mots clés. Ces mots clés peuvent être regroupés en deux catégories : des mots clés qui apparaissent dans la requête initiale et d'autres qui n'apparaissent pas, mais eBhat juge selon WordNet qu'ils sont proches de mots clés originaux tel que :

- ✓ Le mot clé « representation » qu'est proche de « image » et
- ✓ Les mots clés « task » et « work » qui sont proches de « project »

Ce qui montre que contrairement à un moteur de recherche classique, notre moteur de recherche permet de retrouver des documents pertinents mais également d'en apprécier la pertinence.

2.3 Critère 3 : la structure des résultats

Le but de ce test est de monter que notre application est capable de jouer sur la structure des résultats trouvés, c'est-à-dire la distance entre les mots clés de la requête au sein des différents documents retournés, la figure ci-dessous montre bien l'utilité de ce critère.

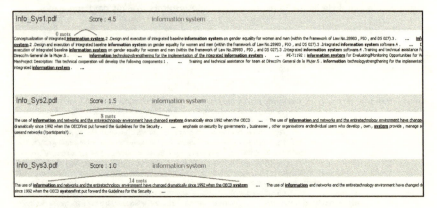

Figure 16 : Classement des résultats suivant la structure de la requête initiale

Dans cet exemple nous avons lancé une recherche avec la requête « information system », le moteur de recherche a retourné 3 documents, et chacun de ces derniers contient les deux mots de la requête, mais il les a classé d'une façon à ce que le document qui contient la requête tel qu'elle est saisie en première position, ensuite le document qui contient les même mots de la requête, mais qui sont séparés entre eux par 7 autres mots en dernière positon le troisième document qui contient lui aussi les mots de la requête mais qui sont séparés cette fois-ci par 14 mots.

3. Conclusion

Dans cette partie, nous avons présenté les deux applications que nous avons développées pour faciliter l'affichage des résultats retournés par notre moteur de recherche. Et dans le but de montrer les différentes fonctionnalités offertes par notre moteur de recherche nous avons présenté un ensemble de tests et des exemples, chaqu'un de ces derniers est effectué par rapport à un critère parmi ceux que nous avons définis dans la problématique de notre projet de fin d'études à savoir : la morphologie, la sémantique et la structure.

CONCLUSION GENERALE ET PERSPECTIVES

Ce projet de fin d'études nous a permis d'étudier de proche les systèmes de recherche d'information. Cette étude nous a montré les mérites et les limites de ces derniers.

Dans ce rapport, nous avons présenté le projet d'un moteur de recherche multi-critères. Cette approche essaie de surmonter les limites d'un moteur de recherche classique en procédant d'une recherche lexicographique à une recherche morphologique et sémantique.

Nous avons proposé une solution permettant de détecter automatiquement des variantes morphologiques et sémantiques pour une recherche d'information au sein d'un document en s'appuyant sur des ontologies comme WordNet, mais aussi une solution utilisant un système d'extraction d'information(JIRS) basé sur les passages. Cette solution, qui repose sur l'extension de requêtes, a été utilisée pour étendre des requêtes avec les variantes morphologiques et sémantiques des termes initialement présents dans ces requêtes.

L'objectif de ce travail était donc d'améliorer les performances des SRI en utilisant ces connaissances morphologiques et sémantiques. A ce titre, les résultats obtenus par notre solution sont satisfaisants pour eVision.

Beaucoup de perspectives sont envisagées pour la suite de ce travail. D'un point de vue technique tout d'abord, le processus d'extension de requêtes peut être revu pour, ajouter comme option une recherche interactive, plutôt que d'ajouter tous les mots supposés liés à un mot de la requête comme c'est actuellement le cas, seuls certains jugés plus pertinents pourraient être conservés. Pour ce faire, dés que l'utilisateur termine la saisie de sa requête; une liste de sens pour chaque mot doit être affichée. Et à l'utilisateur de sélectionner les sens que lui juge pertinents par rapport à chaque mot original.

Une autre perspective de ce travail est l'ajout d'un module de correction de requêtes dans le cas d'erreurs de frappe lors de saisie de la requête et qui propose la requête corrigée à l'utilisateur.

D'un point de vue applicatif, inclure d'autres langues en intégrant d'autres bases de données, utiliser d'autres biens spécifiques pour des domaines donnés et fusionner la recherche dans la base de données avec la recherche documentaire.

REFERENCES

[1]   BERRADA GOUZI Salah .Projet de Fin d'études , 'Etude et Réalisation d'une Plateforme   d'Indexation

Sémantique   et de Recherche Avancée de l'Information'. juin 2008 (Disponible à la biblio de l'INPT)

[2] WIKIPEDIA. La recherche de l'information

http://fr.wikipedia.org/wiki/Recherche_d%27information

[3] INRIA. 'Le Web Sémantique : du sens sur la Toile'.

www.inria.fr/actualites/inedit/inedit29rega.fr.html, avril 2001

[4] Google améliore la pertinence sémantique des recherches

Http://www.zdnet.fr/actualites/internet/0,39020774,39388932,00.htm

[5]   Fabienne Moreau et Pascale Sébillot. Contributions des techniques du traitement
automatique des langues à la recherche d'information. Rapport de recherche 1690, IRISA,
2005.

[6]   M.FOUREY Sébastien, L'API DE GOOGLE.2005/2006

www.greyc.ensicaen.fr/~mbrun/1A_PROJETS/Projets_AN1_Info_2005_2006/1A/SF_3.pdf

[7] José Manuel Gómez, Java Information Retrieval System(JIRS). 2004-10-01

http://sourceforge.net/projects/JIRS

[8]   David Hull et Gregory Grefenstette. A Detailed Analysis of English Stemming Algorithms.
Technical Report, Xerox Research Centre Europe,Meylan,France,1996.

[9]   Robert Krovetz. Viewing Morphology as an Inference Process. In Proceedings of the 16th
Annual International ACM SIGIR Conference on Research and Development in Information
Retrieval, Pittsburgh, 'EtatsUnis,1993

[10]   Jesus Vilares Ferro, Mario Barcala et Miguel A. Alonso. Using Syntactic Dependency-Pairs Conflation to Improve Retrieval Performance in Spanish. In Proceedings of the 3rd International Conference on   Intelligent Text Processing and Computational Linguistics, CICLING,Mexico, Mexique,2002.

[11]   Mirko Popovic et Peter Willett. The Effectiveness of Stemming for Natural-Language Access to Slovene   Textual Data.Journal of the American Society for Information Science, 43(5):384–390, 1992.

[12]   Isabelle Moulinier, J. Andrew McCulloh et Elizabeth Lund. West Group at CLEF 2000: Non-English Monolingual Retrieval. In Proceedings of the Work shop of Cross-Language Evaluation Forum, CLEF 2000, Lisbonne, Portu

[13]   IgorMel'cuk. Cours de morphologie générale, volume1-5. Presses de l'Université de Montréal/CNRS   Editions, Montréal/Paris, 1993-2000.

[14]   Didion, J. & Barton, G. (2003). JWNL project sum-mary

        Http://sourceforge.net/projects/jWordNet/

[15]   WordNet a lexical database for the English language,   Princeton University

        Http://WordNet.princeton.edu/

[16]   JWNL (java Wordnet Library), bwalenz, jdidion , 2001-08-17

        Hhttp://sourceforge.net/projects/jWordNet

[17]   Etude de l'EDI Eclipse

        http://www.infos-du-net.com/telecharger/Eclipse,0301-4880.html

www.ingramcontent.com/pod-product-compliance
Lightning Source LLC
LaVergne TN
LVHW042348060326
832902LV00006B/472